My Notes

My Notes

_____

My Notes

My Notes

My Notes

My Notes

My Notes

My Notes

_____

My Notes

My Notes

_____

My Notes

My Notes

My Notes

My Notes

My Notes

My Notes

My Notes

My Notes

My Notes

My Notes

My Notes

My Notes

My Notes

My Notes

My Notes

My Notes

My Notes

My Notes

_____

My Notes

My Notes

My Notes

My Notes

My Notes

My Notes

My Notes

My Notes

My Notes

My Notes

My Notes

My Notes

_____

My Notes

My Notes

My Notes

My Notes

My Notes

My Notes

_____

My Notes

My Notes

My Notes

My Notes

My Notes

My Notes

My Notes

My Notes

My Notes

My Notes

My Notes

My Notes

My Notes

My Notes

My Notes

My Notes

_____

My Notes

My Notes

_____

My Notes

My Notes

_____

My Notes

My Notes

My Notes

My Notes

_____

My Notes

My Notes

_____

_____

_____

_____

_____

_____

_____

_____

_____

_____

_____

_____

_____

_____

_____

_____

_____

_____

My Notes

My Notes

_____

My Notes

My Notes

My Notes

My Notes

_____

My Notes

My Notes

My Notes

My Notes

My Notes

My Notes

_____

My Notes

My Notes

My Notes

My Notes

_____

My Notes

My Notes

_____

My Notes

My Notes

My Notes

My Notes

My Notes

My Notes

My Notes

My Notes

My Notes

My Notes

_____

My Notes

My Notes

My Notes

My Notes

My Notes

My Notes

_____

My Notes

My Notes

My Notes

My Notes

My Notes

My Notes

_____

My Notes

My Notes

My Notes

My Notes

My Notes

My Notes

My Notes

My Notes

www.ingramcontent.com/pod-product-compliance
Lightning Source LLC
La Vergne TN
LVHW012115070526
838202LV00056B/5738